LE
DIAGNOSTIC TOPOGRAPHIQUE
DE NAPOLÉON

PAR

M. Ludovic DRAPEYRON

PREMIER FASCICULE

EXTRAIT DE LA *REVUE DE GÉOGRAPHIE*
Dirigée par M. L. DRAPEYRON

PARIS
INSTITUT GÉOGRAPHIQUE DE PARIS
CH. DELAGRAVE
15, RUE SOUFFLOT, 15
1892

LE

DIAGNOSTIC TOPOGRAPHIQUE

DE NAPOLÉON

L.-Imprimeries réunies, B, rue Mignon, 2. — MAY et MOTTEROZ, directeurs.

A NOS COLLÈGUES

La Société d'Encouragement à l'Agriculture du Lot-et-Garonne est heureuse de pouvoir réaliser le vœu de l'honorable M. Ducasse, son cher et distingué Président.

Elle publie in-extenso *la belle étude du docteur Labat, de Laplume, sur « l'Abandon de la Terre en Gascogne, » parue dans le numéro du 1ᵉʳ août dernier de* la Revue des Deux-Mondes. *Un exemplaire en sera adressé à chaque membre de notre Société et à chaque école primaire du Département, à la suite d'une entente avec M. l'Inspecteur d'Académie, qui a bien voulu entrer dans nos vues.*

Cette étude, très remarquée partout, a eu, dès son apparition, et bien qu'elle fût imparfaitement connue, un retentissement considérable dans notre région.

Nous avons craint un instant de ne pouvoir réussir dans notre projet.

Jalouse de ses droits, la Revue des Deux-Mondes, *dont la rédaction est confiée à des écrivains d'élite, interdit à tous les journaux la reproduction intégrale de ses articles. Et, si elle fait aujourd'hui une flatteuse exception pour* notre Société, nous le devons à l'obligeance de M. le docteur Labat, qui, sur la demande de notre président, a bien voulu intervenir en notre faveur.

Que la Grande Revue et l'Auteur reçoivent ici nos plus chaleureux remerciements pour le plaisir qu'ils nous procurent et l'honneur qu'ils nous font !

Et maintenant, aux héritiers de notre vaillante race Gasconne, nous dirons : Vous allez connaître les causes du grand mal dont se meurt notre riche et belle Gascogne. A vous incombe le devoir de l'arrêter sur la pente fatale. C'est à vous qu'il appartient de la régénérer !

L'Heure presse ; hâtez-vous !

Prenez des résolutions viriles !

Haut les cœurs ! Pro Patriâ !

Le Secrétaire Général,

L. MARQUEZ

EN GASCOGNE

L'ABANDON DE LA TERRE

Nous sommes en Gascogne, où je prie le lecteur de me suivre, et nous n'en sortirons pas. J'entends par là que je m'interdirai les généralisations, même les plus tentantes, pour rester sur le terrain des faits observés, avec les réflexions nées directement de ces faits : documens recueillis peu à peu, au jour le jour, pour mon plaisir, pendant trente années de vie médicale, et sans penser qu'ils seraient jamais publiés. Et, comme je n'ai d'autre titre que d'avoir vu de très près les choses dont je vais parler, il faut que je précise les limites du champ de mon observation.

C'est le pays qui commence à quelques lieues au sud de Lectoure, s'étendant à l'ouest jusqu'aux confins de l'Armagnac et des Landes, à l'Est jusqu'à la Gimone, dépassant au Nord la Garonne pour s'arrêter à la plaine du Lot au voisinage de son département. Ce n'est qu'une partie de la Gascogne, la partie la plus riche, et même quelques cantons entre la Garonne et le Lot ne lui appartenaient pas: Mais on peut admettre que, sous la réserve des nuances et de quelques détails, cette étude est applicable à tous les départemens gascons.

Le pays est essentiellement agricole, sans grande ville, sans commerce, sans industrie, sans richesses dans le sous-sol ni chutes d'eau, et la population tout entière vit de la terre, soit qu'elle la cultive à des titres divers, — propriétaires, fermiers, métayers, ouvriers, — soit qu'elle la possède sans la cultiver. Il n'y a donc ici, sauf les métiers et les professions qui se retrouvent partout, que des paysans et des bourgeois(1), avec cette remarque que la bourgeoisie est rurale, issue le plus souvent de générations qui ont travaillé la terre, habitant des domaines qu'elle fait valoir directement ou dont elle surveille l'exploitation confiée à des métayers ; même, quand elle est fixée à la ville par des emplois, des charges, un commerce, elle reste encore très près de la terre, parce que les fortunes sont en grande partie territoriales, ou du moins, l'étaient jusqu'à ces dernières années. La population est donc véritablement et profondément terrienne. La terre a nourri la race, a présidé à son développement économique et social, a déterminé les usages,

(1) De la bourgeoisie je ne distingue pas la noblesse, parce qu'elle est rurale aussi et qu'au point de vue de cette étude, les les deux classes se confondent.

les habitudes, les mœurs, les aspirations et les rêves, a façonné les âmes comme elle a mis son empreinte sur l'attitude des corps et le masque des visages. Bourgeois et paysans, si séparés par les intérêts et les passions, ont toujours communié dans un sentiment, l'amour et l'orgueil de la terre, de cette terre à qui ils doivent tout, dont ils se sentent les fils reconnaissans, terre bénie aux produits si variés qu'elle peut donner à l'homme tout ce qu'il faut pour que sa vie soit douce et bonne, comme en témoigne ce vieux conte qui charmait autrefois les veillées.

« A l'époque lointaine où des géans, grands comme des montagnes, habitaient, en compagnie des sorcières, les cavernes souterraines, il arriva que les sorcières mirent la discorde entre eux, et il s'ensuivit de violentes batailles. Les secousses furent telles que la terre, le ciel et la mer furent ébranlés. Le ciel s'abaissa et il plut beaucoup. Les ruisseaux et les rivières débordèrent, la mer aussi. Beaucoup de terres furent couvertes d'eau, et les pays se trouvèrent séparés les uns des autres. Chacun dut vivre avec ses provisions et il y eut de grandes souffrances parmi les hommes : ceux des Landes, montés sur des échasses pour ne point se noyer, n'avaient que des pommes de pin et quelques rayons de miel ; ceux du Quercy n'avaient que des noix, et ils seraient morts de faim si un cochon, qui se nourrissait de truffes en cachette, ne leur avait enseigné son secret;

ceux des Pyrénées durent se contenter de mauvaises pommes et de quelques châtaignes. Mais en Gascogne on ne manqua de rien : il y avait de la farine de blé pour faire du pain, de la farine de maïs pour faire des gâteaux, toutes les variétés de viande, tous les légumes et tous les fruits de la terre, le vin rouge qui donne des forces et le *pique-poul* (1) qui fait chanter. Et quand, les géans étant morts jusqu'au dernier, les eaux se retirèrent, les souffrances des hommes prirent fin, mais les traces en sont toujours visibles. C'est pour cela que les Landais sont restés maigres et échassiers, les Quercinois petits et chercheurs de truffes, que les Pyrénéens ont des goitres, tandis que les Gascons, n'ayant pas souffert, sont forts, lestes, agréables de figure, alertes d'esprit et de langage, capables de toutes les entreprises et de tous les exploits. »

Longtemps après les géans, à la fin du xviiie siècle, lorsque le grand intendant d'Étigny voulut sillonner la Gascogne par des routes et la mettre en communication avec les provinces voisines, les « bourgeois et manans de la Généralité d'Auch » s'émurent et lui écrivirent une lettre pour le détourner d'un si funeste projet : « Nous avons, lui dirent-ils en substance, tout ce qu'il faut pour bien vivre ; nos voisins viendront nous prendre ce qui leur manque, et nous n'avons aucun besoin de ce qu'ils peuvent nous offrir. »

(1) Vin blanc avec lequel on fait l'eau-de-vie l'Armagnac.

Mais depuis vingt-cinq ans une profonde évolution morale s'est produite. La race se détache de cette terre qu'elle a tant aimée. Ébranlée sur toutes les racines qui l'y fixaient, elle s'en détourne ; elle est prête à la renier, à l'abandonner ; elle met ailleurs ses ambitions et ses rêves. Le vieux charme de la terre gasconne est rompu, et, si l'histoire des géans leur était contée, les jeunes n'y prendraient pas le plaisir extrême qui ravissait l'âme de leurs devanciers.

Ce phénomène curieux et grave est lié chez les bourgeois à des faits d'ordre purement économique ; il tient à des causes plus complexes et plus délicates chez les paysans. L'étudier chez les uns et chez les autres, chez les paysans surtout par l'analyse de leur hygiène physique et morale, tirer de cette analyse des raisons d'espérer et d'agir, dire enfin avec liberté et sincérité notre avis sur ce qui pourrait et devrait être fait, tel est l'objet que nous nous proposons. Et, encore que le sujet touche à des points divers, c'est au demeurant une sorte de tableau clinique d'un petit coin moral de la France que nous allons présenter.

I

La bourgeoisie rurale était très nombreuse en Gascogne dès les premières années du siècle dernier. La Révolution fit passer dans ses mains beaucoup de terres, sans diminuer en rien les avantages économiques qui étaient attachés à leur possession. Dans mon village, la *Commanderie* avec ses quatre métairies est vendue, comme bien national, à un banquier d'Agen. Mais les métayers ne gagnent rien au changement, et même ils y perdent : le nouveau propriétaire supprime certaines pratiques abusives que les chevaliers de Malte toléraient.

Voici un officier municipal qui vient de planter solennellement l'Arbre de la Liberté et de « jurer fidélité aux principes sacrés de la Montagne, » après avoir changé son nom de Pierre pour celui de Scœvola. Il rentre chez lui, et, laissant à la porte la Révolution et sa terminologie, il fait à son nouveau métayer les plus dures conditions, qu'il inscrit immédiatement snr son livre de Raison ; il néglige bien entendu de le traiter de citoyen, et, par horreur de l'imprécision en ces matières, il n'emploie pas le calendrier nouveau, spécifiant que, comme par le passé, les poulets lui seront offerts à la Saint-Jean, les chapons à la Toussaint et les poules à la Noël. J'ai sous les yeux un bail à moitié fruits de 1797, où le bailleur impose au preneur toutes les conditions du métayer sortant, et ajoute comme charges nouvelles tous les impôts établis depuis 1790.

La Révolution resta politique : elle ne modifia pas les conditions du travail, ni les salaires, ni les usages et les conditions qui liaient les métayers et les domestiques à leurs maîtres. Elle passa au-dessus des villages, des hameaux, des métairies, sans pénétrer dans la vie sociale et économique, dans la vie de tous les jours, pareille à ces grands vents d'orage qui subitement se lèvent dans le haut des airs, tordant et brisant la cime des arbres, pendant qu'en bas les herbes de la prairie frissonnent à peine.

Nulle part, d'ailleurs, on n'était bourgeois à meilleur compte. De 1800 à 1840, celui qui, entre Auch et Agen, avait douze cents francs de rente en argent et les redevances en nature d'une ou deux métairies, entrait de plein droit dans la bourgeoisie. Un domestique gagnait de soixante à quatre-vingts francs par an et une paire de souliers ; à une servante, bonne à tout faire, on donnait quarante francs, la moitié de la plume de la volaille, une coiffe non garnie et quelques poignées de lin. Fallait-il une nourrice ? On n'avait que l'embarras du choix, et la meilleure emportait votre enfant pour dix francs par mois et un habit au bout de quinze.

L'instruction des écoliers ne coûtait pas plus cher que le lait des nourrices. Sous la Restauration, dans une petite ville voisine d'Agen, un ancien Oratorien, bon père de famille, tenait une pension où sa réputation d'excellent latiniste attirait tous les petits bourgeois des environs. Le prix de la pension était de quinze francs par mois, plus une paire d'oies grasses à la Noël et quelques litres de légumes secs et de graine de lin, cette dernière sans doute pour alimenter les lampes. Et pas de ces supplémens qui, dans certains collèges, sont des centimes additionnels dépassant le principal. Je ne relève qu'une somme de cinq francs pour la fille aînée de la maison, « chargée de peigner les enfans quand ils sont petits et de veiller qu'ils n'aient pas de poux. »

L'argent avait donc alors une grande valeur en Gascogne, et, pour peu qu'on en eût, on pouvait faire, sinon grande figure, du moins figure de bourgeois. Aussi les bourgeois se multiplient et on en trouve à chaque porte. Dans la plupart des villages, la moyenne est de une famille bourgeoise sur dix. Mais beaucoup sont mieux partagés. En 1836, le sous-préfet de Lectoure note dans l'annuaire officiel de l'arrondissement qu'à Flamarens, « sur les quarante-cinq maisons du village dix appartiennent à des familles bourgeoises, qui, ayant le bon esprit de se réunir, forment une société charmante, » Non loin de là, à Auvillars, bourg de 2,000 habitans, la bourgeoisie devait être nombreuse, puisque sous la Restauration on y comptait une douzaine de chevaliers de Saint-Louis. A Laplume, sur 1,800 habitans, 40 familles « vivaient bourgeoisement. » A Lectoure, sous-préfecture qui compte à peine

5.000 habitans, un cercle est fondé en 1830 ou l'on n'admet que des bourgeois authentiques et vérifiés : de 1830 à 1852, je trouve 115 noms sur les registres. Vers la même époque, un jeune polytechnicien, qui sera plus tard professeur à la Faculté de médecine de Paris, rencontrait à Astaffort, chef-lieu de canton de 2.500 habitans, une société nombreuse de bourgeois dont plusieurs savaient très bien le latin et deux lisaient Homère dans le texte.

Le siècle dernier, jusqu'à la fin du second Empire, fut l'âge d'or de la bourgeoisie en Gascogne. Les fortunes, presque entièrement constituées par des biens ruraux, étaient petites ou moyennes, rarement importantes, mais progressaient d'une façon lente, continue et régulière, Le travail n'intervenait que pour une faible part dans cette progression, qui était assurée par la restriction de la natalité et l'économie.

Au lendemain de la Révolution, les bourgeois réduisirent leurs naissances. De cette manière, à chaque génération et par le mariage, une fortune peu ou point divisée se doublait d'une autre qui ne l'était pas davantage. Et, comme dans les pays à fils uniques un malheur est vite arrivé, à chaque instant une branche privée d'héritier direct laissait tomber un héritage qui allait grossir la fortune des collatéraux. De même l'économie fut générale, intense, ingénieuse. Partout une vie modeste, de l'ordre, de la surveillance dans les maisons conduites par des femmes intelligentes, actives, ne plaignant pas leur peine. Ici les femmes, plus peut-être que les hommes, ont fait la prospérité des familles.

Cette méthode, — réduction des naissances et économie, — donna les résultats qu'on attendait, car elle est sûre, infaillible, comme automatique. Mais, précisément à cause de cela, elle est funeste au point de vue moral et tend à affaiblir certaines qualités de l'âme. La réduction des naissances ne développe guère l'initiative, la volonté, le goût de l'effort, l'esprit d'entreprise, tout ce qui constitue l'énergie de l'homme. J'en dirai autant de la réduction des dépenses, encore que l'économie, qui se surveille et se contrôle pour ne pas devenir la plus tyrannique des passions, soit une maîtrise de soi-même. Cette maîtrise s'exerce surtout quand on poursuit un but moral élevé, comme d'assurer la dignité de la vie, de relever l'honneur d'un nom, de permettre à un fils des études que son talent justifie. Que de cadets de Gascogne ont dû le succès de leur carrière aux robes reprisées de leurs mères !

Il faut toutefois reconnaître la vérité : l'économie est peu éducatrice dans le sens de l'énergie, elle procède par abstention, elle a un caractère négatif, elle ne porte pas l'homme en avant, vers l'effort, vers les entreprises et les risques. Dans les années de disette, les économes se replient sur eux-mêmes, diminuent leur ration, serrent la boucle de leur ceinture ; les autres quittent la maison, se jettent dans la campagne, au besoin dans l'inconnu, C'est un fait d'observation que les peuples dépensiers sont plus énergiques que les peuples économes.

Deux autres circonstances ont encore contribué à affaiblir l'énergie morale de la bourgeoisie.

La première, d'ordre économique, est cette polyculture, dont les Gascons se sont toujours montrés si fiers, et qui assure aux revenus de la terre une grande régularité. La variété des cultures constitue une sorte d'assurance entre elles, et, par la division des risques, met à l'abri des années de détresse. On ne connaît pas ces séries noires d'années désastreuses, qui affligent parfois les pays à monoculture, où l'on ne sait pas comment ou payera l'impôt, comment on vivra, comment on mangera, mais qui, imposant les grandes décisions, — changemens de méthodes, entreprises nouvelles, l'exode même, — tiennent l'esprit toujours en éveil et le ressort de l'énergie continuellement tendu. Ici, les années se succédaient avec des moyennes régulières ; on n'imaginait même pas qu'il en pût être jamais autrement, et cette sécurité appesantissait encore le sommeil dans lequel s'était endormie l'énergie gasconne.

La seconde circonstance, bien différente, tient à la race elle-même. En Gascogne, l'empreinte romaine a été profonde, définitive ; les invasions du Nord sont passées laissant peu de dépôts ; la race est restée latine comme la langue. Tous les fils de la bourgeoisie recevaient invariablement la culture classique, car un bourgeois se serait cru disqualifié s'il n'avait fait faire les humanités à son fils ; délicieuse culture qui durait dix ans, ornait et assouplissait l'esprit, le munissait d'idées générales et de sentiments élevés, mais ne lui donnait pas la notion de la valeur du temps, ni le sens pratique, ni le goût de l'effort, ni celui de la vie intense et rude comme l'exigent les temps nouveaux. Cette culture offrait aux jeunes bourgeois un idéal de vie qui, plus qu'ailleurs, répondait aux traditions, aux aspirations, aux atavismes, à tout le génie de la race. Surveiller la gestion d'un domaine, remplir quelque charge publique sans y absorber sa vie, parfois paraître sur le forum, réserver des heures nombreuses pour les plaisirs de l'esprit et de l'amitié, n'est-ce pas un idéal de vie selon les anciens ? Il y a cinquante ans, les jeunes Gallo-Romains des bords de la Garonne n'en avaient pas d'autre et rêvaient de le réaliser. Dans le calme d'une vie purement agricole, rien ne les en détournait ; ils n'étaient pas disputés, comme leurs camarades du Nord de la France, à la douce inhibition des lettres classiques par le sifflet des machines, le flamboiement des fourneaux, et toute la puissante attraction de la vie industrielle et commerciale.

On ne sera donc pas étonné si l'énergie de la bourgeoisie, appauvrie par tant de causes, s'est trouvée ruinée quand la grande crise économique est venue. Celle-ci, qui se préparait en silence depuis longtemps, a commencé vers 1875, et n'a cessé de s'aggraver depuis, pour devenir alarmante dans ces dernières années. Ce n'est pas une crise superficielle et passagère comme aurait pu la produire la mévente du blé ou du bétail, ou même comme l'a produite le phylloxéra ; elle est autrement profonde et redoutable, puisqu'il s'agit de la disparition de la main-d'œuvre agricole, elle est semblable aux grandes crises du temps passé, après la guerre de Cent ans (1), après les famines et les pestes. Et encore ces grandes crises d'autrefois avaient quelque chose de fortuit et d'accidentel, car on peut entrevoir la fin d'une guerre, d'une famine, d'une peste. Mais que penser du mal qui dépeuple la Gascogne sous nos yeux, qui semble atteindre la race dans ses germes pour l'empêcher de se reproduire ? Que penser en présence d'une race qui se meurt ?

Que faire surtout ? Car c'est ainsi que la question se pose, précise, pressante, douloureuse, pour les bourgeois propriétaires ruraux en Gascogne. Que faire de la terre quand on ne la travaille pas soi-même et qu'on ne trouve plus personne qui veuille la travailler pour vous ? Un pays de bois, de pâturages, de prai-

(1) D'Avenel: *la Propriété foncière de Philippe-Auguste à Napoléon*, dans la *Revue du 1er janvier* 1893.

2.

ries peut supporter une crise de main-d'œuvre, les guérets, les vignes, les vergers, ne le peuvent pas ; ils sont ruinés par quelques années d'inculture. Que faire donc ? Appeler de la main-d'œuvre étrangère ? On l'a fait, mais elle est difficile à trouver, chère, non acclimatée, non adaptée et d'ailleurs insuffisante pour combler les vides qui se multiplient à vue d'œil. Employer des machines ? Nulle part l'usage n'en est plus répandu : sans les machines, la moitié de la Gascogne serait en friche. Mais les machines ne peuvent remplacer tous les bras ; ici, les bras font complètement défaut, et de ce fait nous assistons à une véritable faillite de la terre entre les mains des bourgeois qui en sont possesseurs. Dans les propriétés les plus favorisées, les revenus ont diminué de moitié et même des deux tiers. Beaucoup de domaines couvrent péniblement leurs frais, et d'autres, qui assuraient l'aisance de leurs propriétaires, sont devenus une charge.

La bourgeoisie aurait pu entreprendre la lutte et pour cela évoluer, s'adapter : elle aurait pu revenir en arrière, remonter au point où l'on était quand on quitta la charrue pour devenir bourgeois, ressaisir à pleines mains ces mottes de terre d'où était sorti le premier noyau de la fortune, essayer des méthodes nouvelles de travail, créer des industries agricoles, y consacrer les capitaux dont on disposait. Il aurait fallu pour cela de l'entrain physique, de l'énergie morale, une mentalité souple, combative, moderne, débarrassée de certains préjugés. Tout cela a manqué. Il n'y a eu que des efforts partiels, isolés, souvent mal conduits. Les jeunes générations montrent peu de goût pour la terre, dont elles n'ont pas connu la prospérité, dont elles n'entendent parler qu'avec des plaintes et des récriminations. Elles se dirigent vers d'autres carrières, le commerce et l'industrie, plus volontiers vers le droit et la médecine, plus volontiers encore vers les fonctions publiques: Quand ils apprennent que dans une dot il n'y a que des biens ruraux, les épouseurs se refroidissent. Et tout le monde de quitter les champs pour la ville ! On abandonne les faire-valoir directs, on renonce à la surveillance des métayers, on afferme à vil prix, et surtout on vend... quand on peut. Impossible de causer avec un bourgeois sans qu'il se plaigne et vous dise ; Ah ! si je pouvais vendre ! En Gascogne, toutes les terres de la bourgeoisie sont virtuellement à vendre.

On devine bien que la défaite économique ne va pas sans certaines souffrances morales qui précipitent l'abandon de la terre. Autrefois la propriété rurale donnait une véritable influence, et, sous le régime censitaire, elle offrait l'attrait des droits électoraux. Plus tard, dans les trente premières années du suffrage universel, un bourgeois mesurait encore son influence à l'étendue de son domaine. Vers la fin du second Empire, la terre fut payée à des

prix si élevés que, même bien administrée,
— et alors la bonne administration était facile,
— elle donnait à peine 2 pour 100, tandis que
les placemens mobiliers les plus solides don-
naient facilement cinq. Cette élévation des
prix n'était pas économiquement justifiée : il
s'y mêlait un autre élément, un élément moral,
et c'est en grande partie celui que j'indique.

Aujourd'hui, plus rien de tel n'existe, ou plutôt c'est l'inverse qu'on constate. Laissons de
côté l'amoindrissement social de la bourgeoisie du fait de l'évolution générale des idées,
restons dans les petites contingences du village et de la vie agricole : le prestige du bourgeois, qui ne tire presque aucun revenu de son
vaste domaine, est singulièrement diminué aux
yeux des paysans qui l'entourent, et dont les
poches, grâce à quelques hectares, sont gon-
flées d'écus. De plus le personnel, devenu difficile, exigeant, indiscipliné, multiplie les difficultés journalières devant lesquelles il faut
toujours céder. Par le jeu de la loi de l'offre et
de la demande, le propriétaire est d'avance
vaincu, et c'est une source pénible de décon-
sidération.

Tout cela sans doute n'est qu'évolution et
transformation. La terre est ici trop fertile, elle
offre trop de ressources variées, elle peut être
achetée à des prix trop avantageux pour ne pas
tenter les capitaux. La Gascogne ne souffre que
d'une crise de main-d'œuvre. Cette crise peut
être résolue et, si elle ne l'a pas été jusqu'ici,

c'est que peut-être on s'y est mal pris, c'est qu'on a abordé une très grave question avec des idées étroites et des moyens insuffisans. Mais avec de l'argent, de l'initiative, de la hardiesse, une nouvelle organisation des propriétés et du travail, l'introduction large et méthodique de la main-d'œuvre étrangère, on peut entrevoir la solution, et du même coup la formation d'une bourgeoisie rurale nouvelle qui, adaptée à des conditions économiques et sociales différentes, ne ressemblera pas du tout à l'ancienne.

Car nous assistons à la fin d'une classe : la bourgeoisie disparaît en tant que bourgeoisie terrienne, c'est-à-dire *rentière de la terre*, tirant de là sa place dans le cadre social, sa mentalité et sa physionomie morale. Et cette disparition laisse des traces, qui frappent l'œil le moins attentif et mettent, de-ci, de-là, une note mélancolique dans le pays. Le long des petites routes, ce sont de vieux logis, aux murs tapissés de glycines et de rosiers, qui semblent en deuil avec leurs fenêtres closes et l'herbe haute dans l'avenue ; d'autres sont transformés en métairies ou tombent tristement en ruines ; les vieux jardins avec le puits à large margelle portant le cadran solaire et la grande allée en buis taillé courant le long des espaliers jusqu'au cabinet de charmille, mi-jardins à la française et mi-vergers, d'une grâce discrète, un peu surannée, tout cela est ouvert, foulé, mutilé, dégradé. Au village, dans la rue silencieuse, de solides façades en pierre de taille abritent les petits commerces locaux dont les pauvres étalages jurent avec la hauteur des fenêtres, et, quand vous demandez les noms des bourgeois qui furent là, c'est à peine si on sait vous répondre. Encore quelques années, et ces noms, qui ont rempli le petit pays de leur importance, ne seront plus prononcés, sauf par le fossoyeur, qui, pour se reposer de son travail, s'amuse à déchiffrer les inscriptions à demi effacées des pierres tumulaires.

II

Le phénomène est tout différent chez les paysans, car la terre n'a jamais été plus généreuse pour eux qu'aujourd'hui. Il tient à des causes multiples, plus intimes ; il est plus psychologique, et, pour le bien comprendre, il faut suivre le paysan gascon dans l'évolution qu'a subie son hygiène physique et morale depuis vingt-cinq ans.

Tous les avantages économiques que les bourgeois ont perdus, les paysans les ont recueillis. Métayers et fermiers cultivent la terre à des conditions qu'ils n'avaient jamais espérées, puisqu'ils gardent pour eux une grande partie de la *rente du sol* qui allait autrefois à ses possesseurs. Cette terre, ils peuvent l'acquérir à des prix très bas, et la situation de ceux qui cultivent leur bien — classe nombreuse en Gascogne et qui s'accroît chaque jour — est extrêmement favorable. Les méthodes de culture se sont améliorées, les assolements sont plus rationnels, les engrais sont largement employés, la vigne a été refaite, des cultures industrielles et maraîchères ont été introduites, l'élevage du bétail a doublé, le prix du blé se maintient, celui de la viande est élevé, une partie du pays fait une exportation considérable de fruits et de primeurs ; le paysan gascon a aujourd'hui beaucoup d'argent. Voilà un premier point qu'il faut retenir.

En voici un second. Il a perdu, il perd chaque jour le goût de l'épargne, de l'épargne acharnée qui caractérisait les générations antérieures ; il tend de plus en plus à appliquer les ressources dont il dispose à ses besoins de bien-être et de luxe De plus, la race est intelligente, *éducable*, sensible aux enseignements qui lui viennent de l'école, du journal, du livre, aux conseils que lui donne le médecin, aux exemples que lui offre la ville.

Ces trois faits expliquent les progrès de l'hygiène physique. Ils sont considérables en ce qui touche le logement, le vêtement et la nourriture (1).

On ne connaît plus la petite chaumière, bâtie en pisé, avec deux chambres, l'une pour l'homme, l'autre pour les animaux ; on ne

____

(1) *Un Village de Gascogne au point de vue de l'hygiène sociale*, par le Dr B. LABAT (Communication au Congrès d'Hygiène sociale d'Agen). Agen, Imprimerie Moderne, 1909.

connaît plus la vieille métairie, avec une vaste pièce unique, servant à la fois de cuisine, de salle à manger et de dortoir, éclairée seulement par la porte et la faible lueur qui descend de la large cheminée. Il n'y en a plus qu'une dans ma commune, et elle ne tardera pas à disparaître, emportant le souvenir d'une couchée royale, celle d'Anne d'Autriche et de Louis XIII, surpris par un orage à mi-chemin entre Lectoure et Nérac, après le siège de Montauban.

Le type minimum du logement rural est la maison à trois pièces, l'une servant de cuisine, les deux autres de chambre à coucher. Bien des détails ont été améliorés ; la terre battue a été recouverte de carreaux ; la cheminée, le fourneau, l'évier sont mieux conditionnés. Beaucoup de maisons neuves ont un premier étage ; on y voit apparaître, quoique timidement encore, des plafonds, des papiers sur les murs, des cheminées en marbre. Le mobilier est suffisant : chaque habitant a son lit et chaque convive son couvert. L'ancienne et fâcheuse promiscuité du lit et de la table a disparu. Les enfants se moquent quand on leur parle de l'éclairage d'il y a quarante ans : le *careil*, qui n'était que la lampe romaine à peine modifiée, et la chandelle de résine fixée au mur sous le manteau de cheminée par une pince en bois, petite chandelle jaune dont la lumière fumeuse était si faible que quand les femmes, qui tricotaient assises autour du foyer, voulaient compter les mailles sur leur aiguille, elles étaient obligées de se lever pour porter le tricot tout près de la flamme. Aujourd'hui une bonne lampe à pétrole suspendue au plafond éclaire la table et les murs ornés de lithographies. La lanterne à acétylène est d'un usage courant dans les étables.

Autrefois les paysans n'employaient que deux étoffes pour s'habiller : l'hiver, le *droguet*, gros drap bourru, gris ou bleu, et l'été, le *bot*, toile bicuâtre. L'un et l'autre étaient fabriqués par le tisserand du village avec la laine et le lin filés à la maison. Les sabots étaient la chaussure ordinaire. On réservait les souliers pour les grands jours et encore les portait-on à la main jusqu'à l'entrée de la ville. On s'adresse aujourd'hui aux maisons de confection, et les tailleurs des plus petits villages reçoivent les journaux de modes de Paris. Sauf qu'il dédaigne la jaquette et la redingote pour rester fidèle au veston, le paysan s'habille comme l'artisan ou le bourgeois des villes. Il ne garde les sabots qu'autour de la maison et pour certains travaux ; le reste du temps, ce sont les brodequins, les sandales et les bottes. Il porte parfois la fourrure de chèvre comme un chauffeur et la pèlerine en drap imperméable comme un officier.

On pense bien que les femmes ne restent pas en arrière sur le chapitre du costume. Ce qu'elles désirent avant tout, c'est d'être habillées comme les dames de la ville. Elles ne

Illisibilité partielle

VALABLE POUR TOUT OU PARTIE DU DOCUMENT REPRODUIT

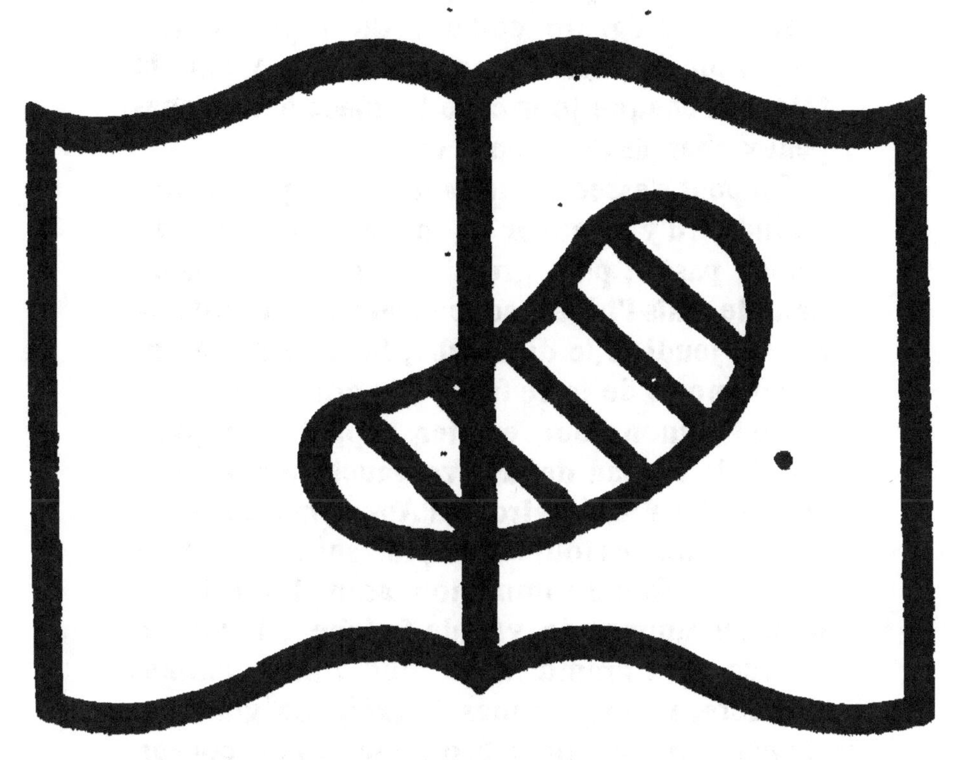

négligent rien pour cela, sacrifiant même la vieille et élégante coiffure du pays, le joli mouchoir de soie coquettement posé sur la tête, qui chaque jour cède la place à des chapeaux chargés de plumes et de fleurs.

On peut s'asseoir à la table des paysans sans craindre d'y trouver la maigre pitance du temps passé : pain grossier fait à la maison, pain de maïs l'hiver, soupe maigre, du *confit de porc* le jeudi et le dimanche, le reste du temps des pommes de terre frites à la graisse, de l'ail et de l'oignon pour exciter l'appétit. Aujourd'hui, le paysan de la rive gauche de la Garonne, dans les environs d'Agen, mange de la viande tous les jours et le plus souvent à tous les repas. Sa consommation annuelle est de : 62 kilogrammes de viande fraîche ou conservée, soit 172 grammes par jour, 7 kilogrammes de sucre, 1,100 grammes de café, 900 grammes de pâtes alimentaires, 800 grammes de conserves, 1,500 grammes de poisson sec, 1 kilogramme de fromage, 1 kilogramme de gâteaux. On remarquera l'importante consommation de viande, de café et de sucre. Le café est pris presque tous les jours, pendant l'été plusieurs fois par jour, et malheureusement jamais sans eau-de-vie. Certains excès alcooliques peuvent être signalés dans la population maraîchère de la plaine et chez les jeunes gens. Néanmoins l'alcoolisme n'est pas menaçant. La consommation moyenne de la famille agricole atteint à peine un litre de vin, par jour et par tête d'adulte. Tous ces progrès se traduisent par un résultat précieux que les médecins constatent : la diminution de certaines maladies, et, dans l'ensemble, le recul de la morbidité aiguë.

Pour donner une idée exacte de la vie que mènent aujourd'hui les paysans gascons, il faut que je tire de mes notes quelques traits, qui, pris au hasard, compléteront le tableau.

Dans chaque maison, il y a un cheval et une bicyclette et les jeunes gens ont perdu l'aptitude à la marche si remarquable chez les conscrits gascons qui rejoignirent les armées de la Révolution et de l'Empire. Beaucoup ne se contentent pas de la carriole qui porte les veaux à la foire, ils y ajoutent la charrette anglaise, plus convenable pour les toilettes des grands jours. — Dans un village, il a fallu trois facteurs au lieu de deux, « la correspondance étant surchargée par les journaux et les cartes postales que jeunes gens et jeunes filles ont l'habitude de s'envoyer. » Les bureaux de tabac vendent beaucoup de tabac fin, beaucoup de demi-londrès de trois sous. Dans une commune de 152 électeurs, il y a 50 permis de chasse ; les fusils Lefaucheux sont partout réformés et remplacés par des fusils à percussion centrale. — Un boulanger de hameau portait dans les foires des échaudés connus sous le nom de *tortillons* : il s'est établi à la petite ville voisine, a monté une biscuiterie avec quatre fours, un moteur à pétrole, dix ouvriers et tous ses produits vont à la clientèle rurale. — Le maire d'une commune des environs de Lectoure a noté que cet hiver une importante consommation d'huîtres a été faite par les petits paysans et les métayers. — Une grosse maison d'étoffes el de confection d'Agen me signale qu'elle renonce à faire faire des vêtements en série ; sa clientèle de village supporte mal le moindre retard dans la mode, parce que la plus petite ouvrière, travaillant à la journée, n'entre pas dans une maison sans le dernier numéro du journal de modes. La jeune fille la moins fortunée, invitée à une noce, ne consent à s'y rendre que si elle a deux costumes, l'un pour la journée, l'autre pour la soirée. — Depuis six mois, pour me documenter, après m'être lavé les mains, je demande partout de l'eau de Cologne ; dans beaucoup de maisons mon exigence reçoit satisfaction.

Ajoutons que la vigne a été refaite et la chose est importante. Le phylloxéra n'a pas été seulement une crise économique, mais encore une sorte de crise morale. Le paysan gascon ne comprenait pas la terre sans la vigne ; tout d'abord il ne voulut pas croire que celle-ci allait mourir, et, quand les souches ne donnèrent plus ni fruits ni sarmens, ce fut une grande tristesse et un grand danger. On était habitué à la joyeuse excitation du vin, et on n'aurait pas manqué de la demander à des boissons plus dangereuses. Le mal avait déjà commencé ; la résurrection de la vigne l'a arrêté. Les collines caillouteuses se sont de nouveau couvertes de pampres, et le vin continue à mettre dans les veines des hommes la chaleur et la joie que les grappes empruntent au soleil.

Il y a encore pour les paysans une autre source de satisfaction. Ils ont pris la place laissée par les bourgeois non seulement dans le domaine, dans la maison, dans le château qu'ils ont achetés, mais encore au conseil municipal, à la mairie, à la justice de paix comme suppléans, à l'école comme délégués cantonaux, dans le jury, à la préfecture. Ils sont restés maîtres du village, maîtres du pays. Ce serait les bien mal connaître de croire qu'ils ne savourent pas avec orgueil leur ascension politique et sociale.

Le pays où ils vivent est fertile, salubre, tempéré de climat, doux à l'œil. Que l'on parcoure les vallées qui descendent en éventail du plateau de Lannemezan et dont les grasses prairies nourrissent de beaux troupeaux de vaches grises ; que l'on monte sur les plateaux argilo-calcaires de Lectoure et de Nérac où les moissons sont comparables à celles de la Beauce ; que l'on descende dans les opulentes vallées de la Garonne et du Lot dont le confluent a déposé des alluvions qui sont une des terres les plus riches de France ; que de là on regarde les collines voisines, avec leurs champs enguirlandés de pruniers et de vignes, et auxquelles il ne manque que quelques pointes de cyprès pour rappeler le charme du paysage toscan, tout ici semble réuni pour la facilité, la douceur et la joie de la vie.

On ne manquera pas de conclure : l'homme doit être heureux et fortement attaché à cette terre qui, en retour de son travail, le comble de ses bienfaits, lui assurant le bien-être et même un peu de luxe dans des conditions économiques et sociales qui flattent son amour-propre et son orgueil. Une première observation semble confirmer cette conclusion : la tendance générale qui pousse les populations des campagnes vers les villes, quoique sensible ici, est moins marquée que dans certaines régions. Mais il faut regarder les choses de plus près. On émigre surtout dans les pays pauvres et à population abondante. Comment émigre-rait-on beaucoup de nos villages à terroir fertile, où par l'hyponatalité la population se raréfie et se fond à vue d'œil, où ceux qui restent n'ont qu'à s'étendre pour se mettre à l'aise en prenant la place des disparus ?

On émigre peu, cela est vrai, et cependant cette émigration restreinte présente un caractère extrêmement suggestif, sur lequel je ne saurais trop appeler l'attention : c'est qu'ici on émigre sans esprit de retour. Une fois parti, le Gascon reste là où il s'arrête, là où il fait ses affaires : il y vivra et y mourra. Je l'ai constaté bien des fois à Paris et un peu partout. Le charme mystérieux de l'horizon natal ne le suit pas, ne le rappelle pas comme il suit et rappelle l'Auvergnat, le Breton, le Pyrénéen qui, aussitôt le pécule amassé, songent au retour. Ce n'est pas en Gascogne qu'un notaire pourrait dire ce que me disait un jour avec une emphase amusante le tabellion d'une pauvre vallée des Pyrénées : « J'ai des cliens dans tous les pays du monde, et l'un d'eux m'a écrit ces jours derniers de Copenhague pour m'envoyer 2,000 francs. » — Sans doute quelque petit colporteur parti du village avec une pacotille de 25 francs, qu'il a promenée à travers la France et l'Europe, et qui, arrivé sur les bords de la Baltique, s'aperçoit, en comptant ses écus, qu'il peut enfin acheter la prairie depuis longtemps convoitée.

Laissons ceux qui émigrent, étudions ceux qui restent. Ce jeune homme, qui ce matin a quitté la maisonnette blanche bien assise dans le verger, et qui laboure son champ en fredonnant une vieille chanson au rythme doux et lent comme le pas de ses vaches, doit être solidement fixé dans ce cadre de vie saine et heureuse. Pas du tout ; je sais qu'il a demandé à être facteur, et que dans le département les demandes analogues se comptent par centaines : autant de jeunes laboureurs qui veulent se dérober à la charrue.

Et celui-ci, qui a deux paires de vaches dans son étable, soixante hectolitres de blé au grenier, des foudres pleins de vin, paysan vigoureux et jovial, qui en temps d'élection « volontiers se démontre » : le député de l'arrondissement a le secret de son cœur, et c'est... la recette buraliste du canton. Notre député ne trahira aucun secret, mais s'il avait obtenu tout ce qu'on lui a demandé et même tout ce qu'il a promis, — car c'est un homme charmant et qui n'aime pas vous laisser partir sans espérance, — bien des champs seraient abandonnés.

Beaucoup n'attendent rien, n'ayant rien demandé. Et cependant ceux-là aussi supportent avec moins de facilité qu'autrefois l'effort continu du travail agricole, les tâches monotones et solitaires, les longues semaines sur les mêmes sillons loin des distractions et des nouvelles. Nous en sommes avertis par un fait intéressant, la tendance au maquignonnage, à un maquignonnage spécial, curieux, qui porte sur des animaux que les paysans achètent et vendent entre eux, et qui pour beaucoup se réduit à une sorte de jeu de hasard. ils y perdent leur temps, n'y gagnent pas d'argent, y prennent des habitudes peu recommandables, mais ils justifient ainsi leur présence dans les foires, et, deux ou trois jours par semaine, peuvent quitter la maison. Ce maquignonnage fait chaque année des progrès ; dans certains villages, un tiers de la population s'y livre ouvertement ; c'est une plante parasite qui envahit la vie agricole et l'appauvrit, car on devine sans peine que l'homme, devenu maquignon, est moins dévoué à la terre : le jour où il a à choisir entre une foire renommée et un labour pressant, c'est le labour qui est sacrifié.

Où est le vieux paysan qui, le dimanche après la messe, éprouvait le besoin de faire le tour du champ qu'il n'avait pas quitté de la semaine ? Un beau guéret, une luzernière, un arbre chargé de fruits, éveillaient dans son esprit un monde d'images, d'idées, de souvenirs, et parlaient à son cœur. La terre était son amie et il ne pouvait rester un seul jour sans la voir. Elle est rompue, la vieille et touchante amitié de l'homme et de la terre, et pourtant la terre gasconne est toujours la même, toujours nourricière dans ses plaines aux riches récoltes et sur ses coteaux couronnés de vignes. C'est l'homme qui a changé, son âme est ailleurs.

Ecoutons les conversations des paysans quand ils sont réunis pour le travail ou pour le repos ; comparons celles d'autrefois à celles d'aujourd'hui. Autrefois, c'était la chronique locale qui les alimentait : faits divers, histoires, anecdotes, maris trompés, femmes battues, les ruses d'un métayer pour voler son maître, les sermons amusans du curé, les précautions d'un vieux jaloux, les ladreries de l'un, les originalités de l'autre. Tout cela renouvelé, entretenu, enrichi par les nouvellistes ; car il y avait des nouvellistes au village qui mériteraient, non pas des volumes comme ceux de Paris, mais une mention et peut-être une étude. Chaque village avait son nouvelliste, tantôt un bourgeois désœuvré, plus souvent celui qui par métier voit beaucoup de monde, peut recueillir et répandre les nouvelles, le barbier, le marchand, le meunier, le mendiant, peut-être le médecin. Tout le monde tenait le nouvelliste, le *faiseur de nouvelles*, pour un menteur avéré, patenté, diplômé par l'Académie de Moncrabeau (1). Quant les nouvelles sont rares, comment résister à la tentation d'en inventer? En plaçant le récit dans un village distant de cinq ou six lieues, on le mettait à l'abri de toute vérification immédiate, surtout l'hiver où les communications étaient difficiles, et, si plus tard l'histoire était reconnue fausse, comme elle était jolie, bien présentée, elle bénéficiait de la prescription et restait acquise à la littérature non écrite du village.

Car c'est bien d'une littérature qu'il s'agit. Il s'y mêle des souvenirs qui remontent aux guerres de l'Empire et à la Révolution, quelquefois plus haut, devenant alors des légendes où apparaissent des moines qui sont bernés, des seigneurs qui foulent le pauvre monde et dont on se venge par ruse. Certaines histoires devaient se retrouver ailleurs et les mêmes récits faisaient le régal de plusieurs provinces. J'en ai pour preuve l'histoire si populaire du curé chasseur qui, pendant qu'il dit la messe, entend la voix de ses chiens poussant le liè-

(1) Moncrabeau, bourg des environs de Nérac, célèbre autrefois dans toute la Gascogne par son Académie des Menteurs qui délivrait des diplômes.

vre dans le voisinage de l'église. Il dépêche
l'enfant de chœur à la porte et, sans quitter
l'autel : « La *Minerve* y est-elle ? » — « Oui,
monsieur le curé. » — « Dans ce cas le lièvre
est f... *Orates fratres* » et il continue sa messe.
Il y a quelques années, un de nos hommes
d'État, dans un livre sur le Grand Pan, a ra-
conté cette histoire, qu'il attribue à son grand-
oncle, curé vendéen, et à son chien *Lavabo*.
J'en demande pardon à M. Clémenceau, mais
tout le monde sait ici que cette histoire s'est
passée en Gascogne : on connaît le nom du
héros, la petite paroisse près de Fleurance où
il a vécu, grand chasseur devant Dieu et devant les hommes, où il est mort en 1820, s'ex-
cusant auprès de ses héritiers de leur laisser
une dette, une seule, un compte de poudre et
de plomb chez un arquebusier de Lectoure (1).

Si je relève ces coïncidences, c'est pour
montrer le procédé de cette littérature prenant
son bien où il se rencontre, arrêtant au pas-
sage les histoires qui lui plaisent, les démar-
quant, les situant dans le pays, leur donnant
de la couleur locale. Et cette littérature avait
aussi son fonds de réserve, qu'on sortait plus
rarement, dans les longues soirées d'hiver,
quand l'assemblée était nombreuse et qu'il y
avait quelqu'un sachant les vieux contes, ces
contes dont l'origine est obscure, qu'on

(1) *Notes sur une famille de bourgeoisie rurale en Gascogne au xviiie siècle*, par le docteur E. L. H. — Lardanchet, édi-
teur, Lyon, 1808.

retrouve un peu partout, que les savans ont recueillis, mais dont l'édition était toujours locale, avec des noms de lieux et de personnages tirés du pays. Dans l'ensemble, tout cela formait une littérature très variée, touffue, truculente et grasse, avec de fines paillettes et des perles, savoureuse, instructive, et ayant ce caractère, qui domine tout, d'être locale, d'être née de la vie agricole, de la vie du village et de ne pas la dépasser, par là d'être fixatrice, — qu'on me passe le mot, — c'est-à-dire de retenir, de fixer l'imagination de l'homme dans l'horizon étroit où il doit vivre.

Partout où l'homme s'installe, il crée une littérature locale pour embellir son séjour, s'il est librement choisi, pour en adoucir la rigueur, s'il est forcé. On la trouve au couvent, à l'usine, à l'atelier, comme aussi au collège, au régiment et même au bagne. Et quand cette littérature disparaît, c'est sans doute *un fait qui veut dire quelque chose*, un véritable symptôme et dont il faut tenir compte. Qu'est devenue la littérature du village ? Aujourd'hui, après l'inévitable tribut payé au temps qu'il fait, à l'apparence des récoltes, au prix des denrées, à la politique si la période électorale est ouverte, on arrive tout de suite aux nouvelles apportées la veille par le journal : les affaires du Maroc, le grand procès à scandale, les exploits des apaches, les derniers échos du champ d'aviation. On ne s'intéresse plus à la petite vie locale; on n'en tire plus des récits amusans, la chronique du village paraît misérable en regard de celle de Paris, tous les conteurs des veillées ont disparu emportant leurs secrets, et il faut maintenant chercher les vieux contes dans les livres. La littérature non écrite du village est morte. L'âme du paysan gascon est déracinée.

Sans doute le même phénomène s'observe à peu près partout et provient de causes générales sur lesquelles tout le monde est d'accord. C'est d'abord et avant tout la facilité des communications, la route que parcourent les voitures, les bicyclettes, les automobiles, le chemin de fer, le télégraphe, le téléphone. Ce sont les appels incessans de la ville à la population des campagnes : expositions, concours agricoles, concours de musiques, inaugurations de bustes et de statues, visites de ministres, centenaires, tout est bon, tout sert de prétexte. C'est encore le service militaire dont l'influence a été si souvent signalée. Dans une riche métairie de la vallée du Gers. un vieux métayer me montrant avec orgueil ses animaux qu'il estimait dix mille francs, ajoutait tristement : — il faut que j'abandonne tout cela, et pourtant j'ai élevé trois garçons, mais le régiment ne me les rend pas : l'aîné est resté cocher à Toulouse, le second est gendarme, le dernier veut rengager. Et puis il y a les nombreuses voies par lesquelles la vie de la ville pénètre le village, le journal, les annonces, les brochures, les prospectus, les commis-voyageurs ; il y a aussi la fascination des salaires élevés, le mirage d'une vie que l'on croit plus facile et plus douce.

Mais si le phénomène est plus intense ici que partout ailleurs, — et le fait n'est que trop vrai, — c'est que des causes particulières, locales, interviennent, qu'il importe de bien connaître.

Depuis quarante ans, la Gascogne a eu largement sa part dans le gouvernement de la France : « Comme il se voit de certaines contrées qui produisent aucuns fruits en abondance, lesquels viennent rarement ailleurs, il semble aussi que notre Gascogne porte un nombre infini de ministres, comme un fruit qui lui est propre et naturel, et que les autres provinces, en comparaison d'elle, en demeurent comme stériles. » La phrase est en tête des Commentaires de Montluc, dans le *Discours préliminaire adressé à la noblesse gasconne* ; je n'y ai presque rien changé pour la rendre applicable au temps présent. Si cette heureuse fortune a valu des faveurs à notre pays, en revanche elle y a fait naître beaucoup d'ambitions, grandes et petites. Les grandes nous intéressent peu, mais les petites, surtout au village, troublent les cervelles, transportent les imaginations loin des champs et des vignes. Et voilà une première influence qui n'est pas négligeable.

Nous sommes aussi dans un pays où les

naissances sont tombées à un niveau très bas, puisque aucun groupe ethnique dans le monde ne présente une hyponatalité pareille à celle des départements gascons. Dans la famille réduite comme nombre, il est impossible de diviser rationnellement le travail, en attribuant les tâches lourdes aux forts, en réservant aux faibles les besognes légères. Ici chacun doit être bon à tout faire, chacun travaille plus qu'il ne peut : les enfants prennent la charrue à douze ans, et les vieillards anhélans la tiennent jusqu'au dernier souffle ; les femmes s'imposent des travaux d'hommes qui nuisent aux grossesses et tarissent des seins gonflés de lait. Le surmenage est visible, et, pendant l'été, c'est un surmenage douloureux : il en résulte de l'inquiétude, de l'aigreur et peu à peu le dégoût de la terre.

La vie rurale en Gascogne souffre encore d'un autre mal qui pèse lourdement sur elle, à savoir l'ébranlement et la dislocation de la famille agricole, plus marquée ici que partout ailleurs. Tous les sentiments qui assurent la cohésion familiale, le respect des parens, l'union entre frères, l'esprit d'association et de solidarité en vue d'un travail en commun, sont en visible décadence. Un père qui a plusieurs enfans ne garde auprès de lui que l'aîné ; à mesure que les autres arrivent à l'âge où ils peuvent travailler, ils lui demandent d'être gagés comme domestiques ou menacent de le quitter. Ils le quittent souvent pour échapper à sa surveillance. Même le fils unique, dès qu'il est marié, a tendance à fonder un foyer distinct. On ne trouve plus une seule métairie où deux frères mariés travaillent avec leurs femmes et leurs enfans sous la direction des vieux parens. Et cependant le groupement familial est la base de l'organisation du travail de la terre : la solidité de ce groupement et la prospérité agricole sont liées ensemble. La ruine de l'esprit de famille est une source grave de découragement pour beaucoup de paysans gascons.

Mais une dernière influence, particulièrement intéressante, détourne les jeunes générations de la terre. Elle a été peu étudiée ; elle mérite de retenir notre attention. C'est l'enfant qui va nous la révéler, le petit écolier qui, de cinq à treize ans, partage son temps entre la métairie et l'école.

III

Nous venons d'écouter les conversations des paysans. Écoutons maintenant celles des enfans, et comparons toujours celles d'autrefois à celles d'aujourd'hui.

Petits écoliers d'il y a cinquante ans, qui, chaque matin d'hiver, gagniez l'école les livres sous un bras et la bûche sous l'autre, que disiez-vous ou plutôt que disions-nous ? — Notre village était le plus beau de tous... Il avait été autrefois une grande ville... On y tenait des foires comme à Agen... Il avait soutenu des sièges et on n'avait jamais pu le prendre... Notre cloche dominait la voix de toutes les cloches voisines... — Nos blés étaient plus beaux et nos vins plus capiteux que ceux des environs... Autrefois, quand les jeunes gens se battaient dans les fêtes votives, les nôtres étaient toujours vainqueurs. — Autant de naïvetés puisées je ne sais où, sucées avec le lait, respirées avec l'air, mais témoignant d'un sentiment précis, fort, exalté, l'amour et l'orgueil de la petite patrie. Aujourd'hui, plus rien de tout cela. La joyeuse bande, qui joue sur la place, ne songe guère à la supériorité de son village dans le présent et dans le passé ; elle guigne les bicyclettes qui passent et court se ranger sur les bords de la route quand elle entend la trompe dans un nuage de poussière. Sur les cahiers, sur les murs, sur le sable du préau, les petites mains s'exercent à tracer la silhouette d'une automobile, peut-être déjà celle d'un aéroplane, au lieu de la maison, de l'arbre, du cheval, de la tête du soldat fumant la pipe que nous y dessinions.

Étudions de plus près l'âme de ce petit paysan gascon. Nous y trouvons, à des degrés divers de conscience et de netteté, les quatre sentimens suivans :

1° Il est humilié d'être un enfant des champs, et ce sentiment s'accuse quand il est en présence d'un enfant de la ville, surtout de la grande ville ; il se croit inférieur à lui ;

2° Il pense que le travail de la terre est moins élevé en dignité que celui de l'industrie, et même que c'est le moins reluisant de tous les métiers ;

3° Il croit que l'école et la métairie forment deux mondes complètement distincts, très éloignés l'un de l'autre, n'ayant aucun point de contact, et le premier infiniment supérieur au second ;

4° Il ne sait pas comment son village se rattache au reste de la France et à son histoire, il ne sait pas, *il ne sent pas* que ce village a contribué à faire cette histoire.

Certes, je ne dirai pas que l'école est la seule cause de cette mentalité, car l'enfant n'échappe à aucune des ambiances qui le travaillent à son insu, mais je crois qu'elle en est la principale. Elle la favorise, et la développe par son enseignement général, intellectuel, trop intellectuel et d'ailleurs le même pour toute la France. Elle regarde ce petit Gascon comme un Français quelconque, presque comme un écolier abstrait, au lieu de le voir tel qu'il est, planté et vivant dans son milieu, ayant derrière lui vingt générations de laboureurs, poussant sur mille racines qui plongent dans un atavisme déterminé. Elle le traite comme les petits Parisiens de la rue Montmartre, qu'attendent les métiers les plus divers, les Picards de la plaine de Lens, qui seront des mineurs, les Bretons de Douarnenez, qui seront des marins, les Lyonnais de la Croix-Rousse, qui seront des canuts. De cinq à treize ans, elle cherche à donner à l'enfant des clartés de tout, elle le transporte à Paris, à Rome, à Athènes, en Amérique, elle le tire du milieu où il est né et où il doit vivre, elle fait émigrer son jeune cerveau.

Il se peut qu'ailleurs l'influence de l'école soit moins fâcheuse ; il faut, ici encore, tenir compte de la race, comme je l'ai fait pour la bourgeoisie. Ces jeunes paysans sont eux aussi des Gallo-Romains, à l'esprit clair et précis, à la parole facile, à l'imagination ardente, sensibles aux beaux récits, point rêveurs, point mystiques. L'enseignement, tel qu'il est, produit chez eux des résultats que nous avons bien souvent constatés : plus l'enfant se montre bon écolier, plus il profite des leçons, plus « il apprend », comme on dit, plus il enlève brillamment le certificat d'études, et moins il aura d'enthousiasme pour la charrue. Et, — ceci est un fait bien connu, — s'il s'attarde à l'école après treize ans, sa vocation agricole court de grands dangers.

Cet enseignement développe l'intelligence, la raison, le jugement, le bon sens, sans négliger, — je le veux bien, — la sensibilité et la volonté ; mais il laisse en dehors de son action cette partie de l'âme qui offre le plus de prise à l'effort éducatif, toute cette région, qui, échappant à la pleine lumière de la conscience, renferme à l'état obscur les mystérieux liens qui attachent l'homme au sol natal et aux métiers héréditaires. Le subconscient de l'enfant est fait de tout le passé de la race. C'est là que sont accumulés, comme les couches d'un terrain géologique, tous les dépôts ancestraux, toutes les imprégnations dues aux habitudes, aux mœurs, aux sentiments religieux, aux préoccupations, aux travaux des générations disparues. C'est encore le subconscient qui détermine l'originalité morale du groupe ethnique ; c'est par les instincts, les tendances, les affinités latentes qu'on y trouve, plus que par la forme de la tête ou la couleur des yeux, que le petit Gascon se distingue de l'Auvergnat, du Basque ou du Flamand.

L'école est donc en présence de forces puissantes qui dorment dans les régions profondes de l'âme, dans les régions *subliminales* de certains philosophes et qu'ici même le docteur Grasset a désignées sous le nom d'*espace polygonal* (1). Si elle réveille ces forces, les cultive, les dirige, les utilise, elle retiendra l'enfant au village et préservera la terre de l'abandon. Si elle s'en désintéresse, si son enseignement reste exclusivement intellectuel, si elle méconnaît la qualité intime de l'écolier, son origine, son milieu, son atavisme, son avenir, c'est un désastre pour la vie agricole. Pour que les champs soient labourés, il faut commencer par cultiver et élever des laboureurs à l'école. Et qu'on ne se méprenne pas

(1) *Le Psychisme inférieur*, par le professeur Grasset, (*Revue* du 15 mars 1905).

sur notre pensée : il ne s'agit pas d'enseigner l'agriculture, mais de donner une éducation, une culture morale en vue du métier.

D'ailleurs, dans nos villages, l'école a des devoirs précis et particulièrement impérieux envers ce métier. La plupart des enfans qu'on lui confie ne sont pas seulement de futurs laboureurs, mais, — chose capitale, — ils ont déjà commencé leur apprentissage : le matin et le soir, ils sont mêlés aux travaux de la métairie, et tel écolier, qui, le vendredi, récite gravement sa leçon sur les Carolingiens, a labouré la veille avec son père. La précocité même de cet apprentissage est une nécessité absolue, reconnue de tous, et, selon le proverbe, pour rester fidèle à la charrue, il faut de bonne heure s'être suspendu à la queue des vaches.

On sait que la psychologie de l'apprenti est délicate, a besoin de précautions et d'égards. Les premiers contacts avec le métier sont pénibles, monotones, fastidieux. Il importe beaucoup que rien dans l'entourage de l'apprenti ne vienne refroidir ses bonnes dispositions ; il faut, au contraire, que tout les favorise, les entretienne, les excite.

Dans un village, un maître jeune, zélé, préparait avec ardeur ses élèves au certificat d'études. Aux paresseux il disait volontiers en riant : Toi, tu ne seras jamais qu'un *piquo-bërmos* (littéralement un piqueur de vers, un travailleur de terre). Il croyait la plaisanterie innocente. Elle ne l'était pas. Les meilleurs élèves; ceux qui obtenaient le certificat d'études, ne voulaient plus être des *piquo-bermos* comme ceux qui ne l'obtenaient pas. Il en résulta un fléchissement marqué dans les vocations agricoles de la commune.

Un rien compromet l'apprentissage, un rien peut le confirmer. Voici un autre maître qui le soir, après la classe, a rencontré un petit écolier conduisant les grands bœufs gris de la métairie, marchant droit, l'aiguillon sur l'épaule, fier d'être suivi par les bonnes bêtes pacifiques. Le lendemain, il raconte le fait devant toute la classe et loue la belle tenue du jeune bouvier. Comme il a raison de mettre quelque solennité dans l'éloge ! Le visage de l'enfant se couvre de rougeur, mais dans son âme tous les atavismes sont remués, et quelque ancêtre, labour émérite, s'y réveille, s'y dresse et y détermine une vocation définitive.

Il faut donc que l'école considère ses élèves comme des apprentis laboureurs et s'applique à modifier leur mentalité sur les quatre points que j'ai signalés.

Elle doit dire au petit paysan : « Tu n'as rien à envier à l'écolier de Paris ; s'il voit le « Louvre et ses trésors, » il n'a jamais contemplé comme toi la beauté du printemps sur les prairies en fleurs, ni la splendeur des moissons mûres ; il est moins fort, moins bien portant que toi ; tu n'a pas besoin de lui et il a besoin de toi puisque tu le nourris ; tu peux aussi bien que lui devenir un grand artiste ; et, en attendant que tu sois un fantassin alerte, un artilleur solide ou un cuirassier superbe, c'est à toi surtout que pensera la patrie si elle se sent menacée. » On entend bien que ce sont des couplets et il y en a de meilleurs ; on peut d'ailleurs les varier beaucoup ; c'est le chant de glorification de la terre. Qu'on ne craigne aucune exagération ; assez d'autres influences s'exerceront pour remettre les choses an point et même le dépasser. L'école doit, chaque matin, faire vibrer l'âme de l'enfant avec ce chant ; cette vibration répétée se prolongera dans sa vie beaucoup plus qu'on ne croît.

Il faut lui donner aussi l'orgueil de son métier et il ne l'a pas. Le maçon et le charpentier lui paraissent supérieurs, parce qu'ils mesurent, dessinent, calculent, tout simplement parce qu'ils appliquent d'une façon courante les notions puisées à l'école. Il ne voit dans la charrue qu'un outil primitif que les bœufs tirent par un bout et que l'homme tient par l'autre. Et pourtant le laboureur qui sous le soleil ouvre la terre fumante est aussi près de la science que le maçon sur son mur et le charpentier sur son toit, puisqu'il conditionne une admirable expérience de biologie. Celui qui fait pousser des légumineuses sur son champ avant d'y semer du blé s'assure le concours d'innombrables collaborateurs qui lui fourniront pour rien l'azote de l'air. Le vigneron qui établit un pied de cuve avec ses raisins les plus

fins prépare dans le monde microbien un dra-
me émouvant de la lutte pour la vie. On peut
dire tout cela aux enfants si on sait se mettre
à leur portée. Il faut personnifier les forces
de la nature, donner une individualité supé-
rieure aux infiniments petits, leur prêter des
intérêts et des passions comme les fabulistes
ont fait aux animaux, et pour peu qu'on dra-
matise le récit, les enfants y prennent un vif
plaisir. Il ne s'agit pas de développer l'enseignement agricole, - celui qu'on fait est suffisant, — mais de relever le travail de la terre
aux yeux des écoliers en lui donnant de la
noblesse scientifique. Ah ! comme je voudrais
qu'un écrivain de talent vînt ravir l'âme de nos
petits paysans, en leur comptant les merveil-
les de la science à la métairie !

L'enfant à l'école se trouve *dépaysé*, il se
croit dans un monde tout à fait étranger à celui dans lequel il vit avec ses parents, bien
supérieur, beaucoup plus distingué. Comment
en serait-il autrement ? Chaque matin, il quit-
te son logis qui est modeste ou pauvre pour
entrer dans la plus belle maison du village,
dans une salle grande, bien éclairée, avec de
graves sentences et de belles gravures sur les
murs ; de temps en temps, on y est visité par
le maire, l'inspecteur, le conseiller général, le
député et même le préfet en grand costume
au sortir du conseil de revision ; on n'y parle
que français et le patois y est interdit ; enfin
l'école représente une chose auguste entre

toutes, la science, dont le nom, même au village, n'est plus prononcé qu'avec toutes les
marques du respect. Le petit cours d'agriculture paraîtra le trait d'union entre la métairie
et l'école, comme aussi le choix des lectures,
des dictées, des pages d'écriture. Tout cela est
bien. Mais ce que je veux dire est autre chose,
plus délicat, plus intime, et ne peut être obtenu par un cours, ni par des livres, ni par des
cahiers, ni par quelques leçons de choses au
petit champ d'expérience. Seul le maître peut
ledonner, mais il faut pour cela que son âme
soit remplie par la beauté et le charme de la
vie rurale.

S'il connaît pratiquement les travaux de la
terre et peut en parler comme en parlent les
paysans, s'il partage leurs émotions, s'il s'at-
triste de la pluie qui noie les labours et du
vent du Sud qui dessèche les maïs, si son cœur
se gonfle de joie à la vue des épis qui baissent
la tête sous le poids des grains et des grappes
mûres qui soulèvent les feuilles pour recevoir
les derniers baisers du soleil, l'enfant le com-
prendra, le sentira. Si, par malheur, il est un
évadé de la vie agricole, s'il n'a conservé pour
elle qu'indifférence, dédain ou répugnance,
quelques précautions qu'il prenne, cela n'échap-
pera pas à l'écolier. Le subconscient de l'enfant
est infiniment sensible aux nuances.

Ce que je dis n'est pas une vue de l'esprit,
je l'ai observé et noté. Je sais des villages qui
doivent beaucoup à de vieux maîtres restés

près de la terre, la travaillant un peu le matin et le soir. Ils n'enseignaient pas moins bien que les autres la lecture, l'écriture, le calcul et le reste. Et cependant je ne répondrais pas que certains jours d'été, où les foins étaient menacés par l'orage, ils n'aient pas lâché tous les apprentis avant l'heure, prenant eux-mêmes la fourche pour leur donner l'exemple : la journée, loin d'être perdue, restait très éducatrice. L'âme paysanne de ces vieux maîtres a été bienfaisante aux générations qu'ils ont élevées ; elle les a fixées au sol natal. Mais où est-il maintenant parmi les jeunes, le maître ami de la terre, aux mains légèrement calleuses ? Et, s'il se rencontre quelque part, est-il sérieusement encouragé ?

Le certificat d'études primaires lui-même, tel qu'il est, exerce une influence nettement défavorable. Il détermine une griserie qui est peut-être plus marquée chez les parens que chez les enfans. — Docteur, notre fils a été reçu. — Cela vous est dit sur un ton de fausse modestie qui renferme ce sous-entendu très précis que le jeune triomphateur a devant lui toutes les carrières ouvertes, et qu'il serait grand dommage qu'il continuât avec son diplôme le métier que son père faisait sans l'avoir. J'ai vu des enfans, qui auraient pu être des paysans aisés, et que le papier universitaire, placé dans un cadre au-dessus de la cheminée, a conduits à devenir hommes d'équipe ou balayeurs de magasins.

Il faudrait peut-être peu de chose pour rendre favorable cette influence contraire. Pourquoi, puisqu'il y a une demi-douzaine de baccalauréats, n'y aurait-il pas plusieurs certificats d'études primaires ? Pourquoi, à l'école du village ne pas élever le coefficient de l'agriculture à l'examen, en y introduisant une épreuve pratique, qui resterait facultative, et dans laquelle *l'apprenti* montrerait son habitude des travaux agricoles, labour, pansage, conduite des animaux, etc. ?

Le prestige du Jury ne serait pas diminué si on lui adjoignait les trois meilleurs laboureurs du canton, mais celui de la charrue serait singulièrement rehaussé aux yeux des enfans. C'est tout ce qu'on se propose. On ne veut pas rendre l'apprentissage agricole plus intense ou plus précoce, mais le relier étroitement à la vie de l'école. La partie serait bien près d'être gagnée le jour où l'écolier croirait que la charrue est un instrument aussi distingué, aussi scolaire, aussi scientifique que le compas, l'équerre et la petite cornue dans laquelle on fait quelques expériences élémentaires de chimie.

Rendons au petit paysan l'orgueil du village. Il l'avait autrefois entretenu par de vieilles légendes. Les légendes sont mortes ; essayons de les remplacer par l'histoire.

Il est curieux de voir que les écoliers ne savent pas un mot de l'histoire de leur village. Il y a trente ans, je faisais passer l'examen du certificat d'étude, comme délégué cantonal, à Miradoux, petite bourgade du Gers, perchée sur une colline, autrefois fortifiée. Pendant la Fronde, d'Harcourt, fidèle à la cause royale, s'y jeta avec le régiment de Lorraine. Condé essaya vainement de l'en déloger. Cela s'appelle le siége de Miradoux. A tous les candidats je posai la même question : Qu'est-ce que le grand Condé ? Aucun ne put me répondre ; un seul savait qu'il était général et il m'assura qu'il faisait la guerre avec Napoléon.

Et je ne pus m'empêcher de dire à ces enfans : Vous ne savez pas que cette grande trouée dans le mur d'enceinte, qui s'appelle toujours la brèche, a été faite par les canons du prince de Condé ; que les boulets qui sont à l'église dans la chapelle de Saint-Joseph, et que vous vous amusez peut-être à faire rouler, ont été portés là par la reconnaissance de vos pères qui attribuèrent leur délivrance au saint parce que Condé s'était éloigné le jour de sa fête ; vous ne savez pas que d'Harcourt, qui commandait ici au nom du Roi, sommé par Condé de se rendre, répondit ces simples mots — oh ! des mots bien simples — mais qui, pour nous, Français d'aujourd'hui, disent tant de choses : Lorraine ne se rend pas.

Cette ignorance ne porte pas seulement sur le passé lointain, mais sur les événemens récens. Le petit paysan ne se doute pas que le village a fourni des ouvriers à toutes les grandes besognes qui forment la trame de l'histoire contemporaine, que dans le petit livre qu'il lit, récite et copie, quelques lettres minuscules représentent des gens de l'endroit, des gens qu'il a pu voir, dont il connaît la maison ou les descendans.

Il y a quelque temps, je suivais à la campagne un long cortège funèbre, car toute la population était là. En tête marchaient deux enfans, l'un portant la croix et l'autre le drapeau tricolore. Le cercueil lui-même était enveloppé du drapeau de la France. C'était tout ce qu'avaient su faire ces braves gens pour honorer l'un des leurs, et c'était bien le touchant hommage qui convenait au plus modeste des héros. Le commandant B..., était domestique quand il s'engagea à dix-huit ans ; il apprit à lire au régiment, conquit un à un tous ses grades, arrosant chaque galon de son sang. Sur le tableau d'Yvon, qui est à Versailles, et qui représente la prise de Malakoff, on le voit, avec son nom au-dessous, couché sur un tas de cadavres à l'entrée de la gorge, essayant de rélever la tête.

Demandons aux petits écoliers, qui sur deux rangs sont allés jusqu'au cimetière, ce qu'ils savent du commandant B... Ils n'en savent rien : l'un me répond qu'on lui a mis le drapeau parce qu'il a fait la guerre, un autre parce qu'il a été maire, un autre parce que c'était un brave homme. J'ai pourtant interrogé les plus grands. Ils ont récité à l'école les noms de Sébastopol, de Magenta, de Solférino ; personne n'a songé à leur dire que de cette gloire le vieillard, qu'ils saluaient chaque matin devant sa porte, en avait accroché un petit rayon au clocher du village.

Que de fois j'ai constaté la même ignorance ! On a essayé de combler cette lacune. D'intéressans travaux ont été faits, on en prépare d'autres. Mais si chaque école doit enseigner l'histoire du village, ces histoires locales, selon la richesse ou la pénurie des documens, seront très inégalement partagées, et même quelques-unes complètement déshéritées ; et comme, d'autre part, il s'agit moins de faire revivre le passé du village pour lui-même que de montrer aux enfans comment il se mêle et se confond avec le passé de la France, il vaudrait sans doute mieux adopter une méthode nouvelle d'enseigner l'histoire aux petits paysans.

Pourquoi ne pas leur montrer toute l'histoire de France se déroulant au village, depuis la surprise de l'oppidum gaulois par les légionnaires de Crassus jusqu'au deuil de l'Année terrible, où, par un radieux soleil de septembre, devant l'église, après la messe, le maire monta sur une pierre et lut les inoubliables paroles qui annonçaient la reddition de Metz ? Les évènements se succèderaient siècle par siècle, par une série de tableaux qui auraient pour cadre le mur d'enceinte dix fois abattu et dix fois relevé, le château, l'église, la petite place, la maison commune. Sans doute on utiliserait tous les documens, — chaque jour plus nombreux grâce à l'admirable activité des sociétés d'histoire locale, — pour donner aux récits le plus de vérité et de vraisemblance possible, mais il y faudrait mettre évidemment beaucoup d'imagination et d'artifice. Et de faire battre ainsi pendant dix-huit siècles le cœur de la France sur la petite place entourée de vieilles maisons, ce ne serait qu'une demi-fiction, car on y a vraiment ressenti toutes ses souffrances et tous ses triomphes.

Comme chaque école devrait avoir son histoire imprimée, autographiée ou manuscrite, des livres seraient nécessaires pour servir de guides et de modèles. Quels livres nous aurait donnés autrefois un Augustin Thierry, un Michelet, un Alexandre Dumas, un Lamartine, un Erckmann-Chatrian, puisque la part de l'imagination y serait aussi grande que celle de l'histoire ! Et, parmi les vivans, que de noms viennent sous ma plume ! Si tous ceux qui, sortis de la Gascogne, se sont élevés dans les lettres, les sciences, les emplois publics, la politique, fidèles au souvenir du village natal et pris de pitié pour la grande misère morale qui le désole et qui le tue, voulaient donner ce livre à la petite école où ils ont appris à lire, nous aurions vite de beaux et charmans ouvrages, peut-être même quelques chefs-d'œuvres exquis.

Ce seront des romans, me dira-t-on. Le reproche ne me touche guère. Oui, se seront des romans, facilités et comme justifiés par l'évolution même des études historiques qui cherchent derrière les événements politiques la vie sociale, familiale, individuelle. L'enseignement actuel ne donne rien, je l'ai constaté bien souvent et d'autres l'ont constaté comme moi. Le roman historique du village réussira mieux, car la valeur éducative du roman historique est incontestable. On voit des vieillards, autrefois lauréats du concours en histoire, qui, pris par les affaires et éloignés des livres, ne savent plus rien de précis sur le règne des derniers Valois, mais gardent de cette époque une image vivante, grâce aux récits endiablés de Dumas, qu'ils cachaient sous leur pupitre. Le temps a eu raison dans leur mémoire des livres de Henri Martin et de Victor Duruy ; il n'a rien pu contre *les Quarante-Cinq* et *la Reine Margot*.

Je suis sûr que nos petits paysans s'intéresseraient beaucoup à ces récits ; ceux qui plus tard iraient au collège n'en seraient pas plus mauvais élèves en histoire ; quelques-uns peut-être y puiseraient le goût définitif des études historiques. Certaines vocations viennent de loin et naissent de bonne heure : il serait piquant que les Lavisse de l'avenir dussent quelques brillans collaborateurs à l'humble méthode d'enseignement que je propose pour la petite école du village gascon.

Cette méthode, pour le dire en passant puisque nous sommes dans un temps où malheureusement tout est mis en cause, est aussi une bonne culture du patriotisme. On a dit que l'idée de patrie échappe au conscrit à cause de son abstraction : rendons-lui cette idée saisissable avec des contours précis et familiers, vivante et doucement mêlée à toutes les intimités de son âme sous la forme du village, qui là-bas dans la vallée égrène ses maisons derrière un rideau de peupliers, ou qui se détache en relief sur la croupe chauve d'une colline, avec la petite place sur laquelle il a échangé ses premiers sermens, et le champ entouré d'un mur, signalé de loin par trois ou quatre cyprès, où vont dormir un à un, sous la garde des petites croix, tous les vieux de la famille,

IV

Je prévois bien des objections.

Je passe sur la crainte de voir renaître les vieilles rivalités, les vieilles haines de village à village, ou encore le particularisme provincial. Il y a des choses qui ne reviennent pas avec les routes, les chemins de fer, le télégraphe, le téléphone, les mille moyens dont dispose la vie moderne pour mêler et confondre les différents groupes de populations. Mais on dira certainement qu'en faisant de l'école un foyer intense de vocations agricoles, on étouffe d'autres vocations intéressantes et même précieuses. C'est possible; et, si cela doit diminuer le nombre des bacheliers, il faudra s'en consoler en songeant qu'il y aura quelques déclassés de moins. D'ailleurs, la France ne manque ni d'avocats, ni de médecins, ni même d'hommes politiques, et la Gascogne manque de laboureurs. En retenant à la charrue les plus intelligents des écoliers, on ne compromettra pas les réserves intellectuelles de la race ; elles se conservent aussi bien chez le paysan qui conduit habilement sa polyculture, résolvant chaque jour les nombreuses difficultés que font naître autour de lui les passions et les intérêts divers, que chez son compagnon d'école, devenu savant, qui enseigne le latin ou les mathématiques dont il a chargé son cerveau.

Voici une autre objection. Dans votre école, à côté des apprentis laboureurs qui forment la majorité, il y a des enfans qui deviendront maçons, tailleurs, forgerons, charpentiers. Leurs intérêts ne seront-ils pas compromis ? —Comment le seraient-ils ? Ils recevront l'enseignement primaire comme les autres, et, si d'avoir subi un entraînement vers la vie agricole, ils sont plus tard détournés d'aller se perdre dans la ville, ce sera tout bénéfice. Il y a aussi quelques enfans, en plus petit nombre, que le collège attend. Ceux-là m'intéressent moins, l'école du village n'est pas faite pour eux, elle est faite surtout pour ceux qui ne doivent pas en avoir d'autres. Et c'est précisément le reproche que je fais à l'enseignement primaire actuel d'être trop général, le même partout, trop préparatoire à d'autres enseignements qu'il semble appeler.

La dernière objection est la plus sérieuse :
— Vous voulez que l'école se modifie dans ses programmes, ses méthodes, son esprit selon la province, selon qu'elle est à la grande ville, à la petite ville ou au village, selon que le village appartient à la montagne pastorale et forestière ou à la plaine riche en cultures variées. Cela est véritablement difficile. — Difficile, j'en conviens, mais non pas impossible. Si l'école publique était incapable de cette adaptation à cause de sa rigide uniformité, ce serait une marque d'infériorité. Mais est-il donc impossible de donner du jeu, de la souplesse à cet organisme ? Pourquoi ne pas faire de la décentralisation en permettant et favorisant les initiatives des maîtres, celles des départemens, des communes, des groupemens agricoles ? Pourquoi ne pas faire entrer dans la maison, avec le sens de la réalité contingente et diverse, de l'air, de la vie, de la liberté ?

Tel est l'effort que nous demandons à l'école. Il est considérable. Certains le trouveront importun, inopportun, et même inutile.

L'importunité est évidente. Il ne s'agit de rien moins que de changer des méthodes, des habitudes, des mentalités, d'exiger plus de travail, de modifier la formation des maîtres, de leur demander une action très personnelle, le don de soi, le don de leur âme dont nous voudrions qu'elle fût entièrement gagnée par le charme de la vie rurale. Mais qu'on y songe

bien : l'abandon de la terre est un fait économique et moral d'une portée immense, et il
vaut bien quelques sacrifices.

Ceux-là peut-être trouveront l'effort inopportun qui s'occupent volontiers de l'école.
Il faut regarder comme un très grand malheur
que la question scolaire soit restée en France
une question politique et religieuse, si bien
qu'il y a toujours des gens pour attaquer l'école
telle qu'elle est et d'autres pour la défendre.
Dans l'ardeur de la lutte, on néglige un peu le
principal, qui serait de la perfectionner. Actuel-
lement, on est à la défense. Je ne sais pas si
l'école a besoin d'être défendue, mais je sais
qu'en Gascogne, elle aurait besoin d'être
modifiée. L'instrument est défectueux si, faute
d'adaptation aux conditions dans lesquelles il
est employé il ne rend pas tous les services
qu'il pourrait rendre. Il y a ici un mal redoutable qui fait des progrès ; la transformation
de l'école peut beaucoup pour l'arrêter. Ces
idées rencontreront peut-être des résistances.
Mais le médecin ne tient pas compte des répu-
gnances, des partis pris, des caprices du
malade, quand il précise les indications théra-
peutiques que comporte la maladie.

Pour d'autres, cet effort sera peine perdue.
L'abandon de la terre, diront-ils, est dû à des
causes générales que vous avez énumérées, et
dont tout le monde sait qu'elles ne peuvent
être modifiées. Que faire contre des influences
qui sont liées aux conditions mêmes de la vie

moderne, au progrès de la civilisation, comme la rançon de ce progrès ? Mais, si nous n'avons qu'une ressource contre le mal dont nous souffrons, ce n'est pas, j'imagine, une raison pour la dédaigner ; c'en est une, au contraire, pour s'y attacher et s'en servir avec une énergie redoublée. La première empreinte de l'école est d'une incalculable puissance, parce qu'elle porte sur cette partie subsconsciente de l'âme, dont le domaine se révèle chaque jour aux pyschologues, et dont la connaissance et la culture commandent toute l'éducation. Il y aura des difficultés et sans doute les premiers résultats seront modestes; l'action de l'école telle que nous la souhaitons ne s'improvise pas; tout cela demande du temps et de la patience. Mais lorsque le laboureur jette sa poignée de blé sur un terrain mal préparé, il sait que la plupart des grains périront et qu'il n'en sortira peut-être que quelques épis; il faudra des années pour que ces épis donnent une gerbe et d'autres années pour que cette gerbe donne une moisson : cependant rien ne décourage le geste du semeur obstiné.

Enfin d'autres penseront que j'ai beaucoup parlé de l'école n'ayant ni titre, ni qualité. Je m'en excuse et je supplie le lecteur de ne pas voir dans ces pages ce qui n'y est pas, c'est-à-dire un programme. J'ai voulu soumettre quelques idées, quelques indications, quelques exemples, plus simplement poser la question de l'abandon de la terre devant la petite école.

de mon village, dont nul plus que moi n'est l'ami. Ceux qui, au lendemain de nos désastres, la rebâtirent et la voulurent spacieuse, bien éclairée, bien outillée, avenante et coquette sous sa toiture de tuiles rouges, étaient des patriotes ardens qui fondaient sur elle de grandes espérances. Je crois qu'elle les justifierait en partie si elle devenait l'instrument qui relèvera notre vie agricole. Ce relèvement est avant tout un relèvement moral et, comme je le montre ailleurs, il est lié à un autre, celui de notre natalité, c'est-à-dire au salut même d'une race en train de s'éteindre.

AGEN. — IMPR. QUILLOT, COURS WASHINGTON

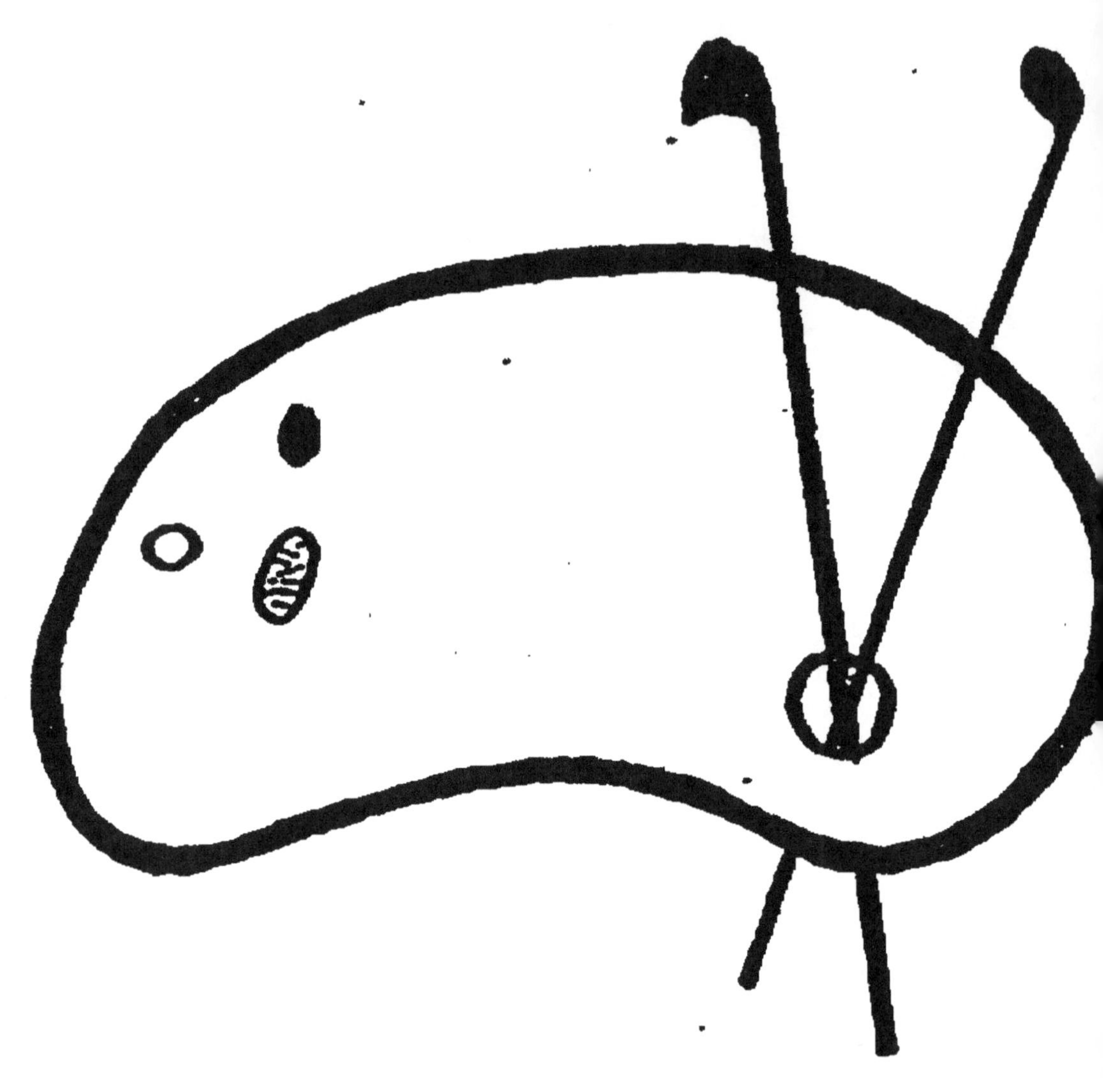

ORIGINAL EN COULEUR

NF Z 43-120-8